도리도리

박 순 찬 의   장 도 리   카 툰 집

도리코리5

비아북

풍자만화에 등장하는 정치인들은 대부분 작가가 직접 만나보고 관찰해서 파악한 얼굴이 아니라 미디어를 통해서 접한 얼굴로 그려진다. 작가는 진짜 인물의 실체가 아닌 언론이 보도하는 정치인의 정치적 입장과 행동을 바탕으로 인물을 묘사하는 것이다. 따라서 만화에 등장하는 정치인은 실제 인물과는 차이가 있으며, 정치인의 정치적 선택에 따라 동일인임에도 다르게 묘사될 수 있다.

특정 정치인을 개인적으로 안다고 해서 풍자만화에서 실제 모습대로 묘사해서는 곤란하다. 정치풍자만화란 등장인물의 정치적, 사회적 역할과 행위를 풍자하는 것이지 개인의 속성을 다루거나 인신공격을 하려는 것이 아니기 때문이다. 정치인을 지지하거나 반대하는 행위 역시 정치인의 인품이 아닌 정치적 행동을 바탕으로 이루어져야 한다. 따라서 이전에 긍정적으로 생각했던 정치인이라도 그가 사리사욕을 위해 정치노선을 손바닥 뒤집듯 바꾼다면 지지를 철회하는 것이 당연하다. 반면에 정치인이 자신의 신념을 바꾸지 않아 지지를 철회하는 일도 있다. 시대의 변화를 읽지 못하고 낡은 신념을 유지하려는 경우다. 이때는 자신의 신념을 굽히지 않는다는 이유로 만화에서 이전과 다른 얼굴로 묘사될 것이다.

시민들은 주로 언론을 통해 정치인을 만난다. 그만큼 시민들의 정치적 선택에 언론이 끼치는 영향은 매우 크다. 다행히도 주류 언론에서 접할 수 없는 정보와 의견 들이 다양한 온라인 연결망을 통해 공유되는 시대가 열려 과거에 비해 훨씬 정밀하고 정확하게 정치인의 실체를 파악할 수 있게 됐다. 주류 언론이 정보독점을 통해 쳐놓고 있던 가림막이 벗겨진 것이다. 따라서 만화가가 정치인을 묘사할 때도 몇몇 언론이 정보를 독점하던 시대에 비해 훨씬 풍부한 내용을 바탕으로 깊이 있는 표현을 할 수 있게 됐다.

이 책의 표지는 대통령의 후보 시절부터 최근까지의 발언들을 모아 캐리커처로 구성한 그림이다. 정치인을 그린다는 것은 그의 생물학적 얼굴이나 개인적 속성이 아닌 공적 활동을 바탕으로 묘사하는 것이라는 의미를 담은 그림이기도 하다.

시민에 의해 선출되고 시민을 대변하는 정치인은 유권자의 욕망 또는 희망, 분노, 좌절을 반영한다. 그래서 정치인을 풍자하는 것은 우리 사회의 욕망과 현실을 풍자하는 것이다. 마찬가지로 정치인의 비상식적 행동에 분노하는 것은 그 정치인 개인에 대한 분노를 넘어 우리 사회에 만연한 비상식에 대해 분노하는 것이기도 하다.

　우리 주변의 비상식과 모순을 하나씩 개선해나간다면 우리 사회에서 선출되는 정치인의 얼굴도 바뀔 수밖에 없다.
　우리 주변의 비상식, 그리고 내 안의 비상식부터 돌아보고자 정치인의 얼굴을 그린다.

2023. 2. 5.
박순찬

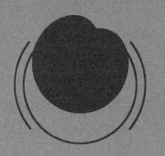

양두구육의
시대

취임 준비
꽃단장

'국민의힘'과 '국민의당'이 합당을 선언했다.
내각 인선 과정에서 안철수 패싱 논란도 나오고
안철수 대표가 모든 일정을 취소하는 등 불만을 드러내면서
합당이 불발될 위기도 있었으나
결국 '국민의힘'으로 흡수 합병된다.

2022. 7. 1.

2022. 8. 1.

돌은 잘 연마하면 작품이 될 수도 있지만
막 던지면 흉기가 될 뿐이다.
'비문명'인들도 생존을 위해 몸부림치는 이웃에게는
돌을 던지지 않는다.
이준석 대표는 "최근 이슈되고 있는 전장연이라는 단체는
최대 다수의 불행과 불편을 야기해야 본인들의 주장이
관철된다는 비문명적인 관점으로 불법 시위를 지속하고
있다"며 전국장애인차별철폐연대의 지하철 시위에
공격을 가했다.

2022. 7. 1.

"민심을 듣기 위해 필요하면 기자랑 낮술이라도 마셔라."
술은 소통의 윤활유이기도 하지만 제대로 된 소통을 무너뜨리고
어떤 목적을 달성하기 위한 수단으로 악용되는 경우도 많다.
술자리를 통해 파벌을 만들고 우르르 몰려다니며
권위를 찾는 것은 한국인이라면 익숙하게 보아온 모습이다.
선출된 최고 지도자는 우리 사회의 한 단면을 반영한다.

2022. 7. 4.

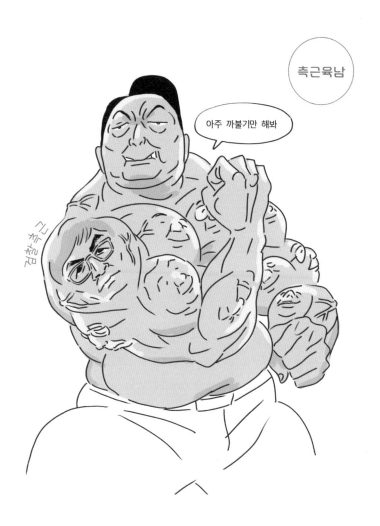

검찰의 전성시대다. 법무부와 검찰, 고위 공직을
윤 대통령의 검찰 측근들이 접수하고 있다.

2022. 7. 4.

이준석 대표가 성 상납 증거 인멸 시도로
당 윤리위로부터 6개월 당원권 정지 징계를 받았다.
언론은 성 상납이라는 구시대적 범죄 행위보다
음습한 정치적 암투에 조명을 비추는 중이다.
그가 공언한 대로 흑화 후 감당할 수 없는 사태가
어떻게 전개될지 궁금할 뿐이다.

2022. 7. 10.

성 접대 무마 시도 혐의로
당으로부터 중징계 처분을 받고 법인 카드도 정지당한
이준석 대표가 차기 당 대표 적합도 조사에서
1위를 차지했다는 소식이다.
토사구팽을 당하느냐, 흑화로 뒤엎느냐의 갈림길에서
어떤 정치적 승부수를 던질지 기대되는 상황이다.

2022. 7. 14.

전설의 물고기

권성돔
청탁 들어준다는 전설 속 물고기

강원랜드 채용 비리 의혹이 있었던 정치인이 윤석열 정부 들어 실세로 부상하며 또 채용 비리 논란을 빚고 있다.
취업 특혜뿐 아니라 친척의 사업에 일감 몰아주기를 해준 의혹까지 불거지고 있다.
깨끗한 물엔 물고기가 살지 못한다.
그러나 아주 더러운 물에서는 특이한 물고기들이 살아간다.

2022. 7. 21.

공무원 합격은 권성동♪

2022. 7. 24.

권성동 국민의힘 당 대표 직무대행과
윤석열 대통령이 주고받은 문자 내용이 카메라에 포착됐다.
윤 대통령이 "우리 당도 잘하네요. 계속 이렇게 해야",
"내부 총질이나 하던 당 대표가 바뀌니 달라졌습니다"
라고 보낸 메시지였다.
권 대행은 "대통령님의 뜻을 잘 받들어
당정이 하나되는 모습을 보이겠습니다"라고 답변했다.
이준석의 결단의 시간은 다가오고
많은 이가 기대하며 지켜보고 있다.

2022. 7. 27.

"아무 때나 받을 수 있는 게 아니라 엄청 잘해야 받을 수 있다."
— 장예찬(전 제20대 대통령직인수위원회 청년소통TF 단장)

2022. 7. 29.

"나는 체리따봉 받아본 적 없다."
— 이준석(전 국민의힘 대표)

2022. 8. 14.

권성동 원내대표가 노래를 부르고 주변에 앉아 있는
기자들이 환호성을 지르는 등 정치인과 언론의
친밀한 관계가 드러나는 술판 영상이 공개됐다.
국민의힘은 을지연습 기간임을 감안하여
주류 반입을 금지하고 오미자주스를 마시는 연찬회를 열고,
윤 대통령은 아이스 아메리카노 커피를, '홍카콜라' 홍준표
대구시장은 '코카콜라'를 연수원으로 보냈지만
디너쇼 영상 하나에 모든 쇼가 물거품이 됐다.

2022. 8. 28.

초대합니다

2 0 2 2
권 성 동
디너쇼

언론인만
입장 가능합니다

장제원 의원이
"윤석열 정부에서 어떠한 임명직도 맡지 않겠다"며
백의종군을 선언했다.
"당의 혼란상에 중진 의원으로서, 인수위 시절
당선인 비서실장을 지낸 사람으로서 무한 책임을 느낀다"며
지역구와 상임위 활동에만 전념하겠다고 밝힌 것이다.
그러나 많은 이는 윤핵관의 질주가 계속될 것을
예상하고 있다.

2022. 9. 1.

"나 김문순데"라는 전설의 발언으로 유명한
김문수 전 경기도지사가 윤석열 정부
첫 경제사회노동위원회 위원장으로 내정됐다는 소식이다.
김문수 씨는 노동 운동 경력을 이용해 정치권에 입성했으나
반노동, 친재벌 노선으로 돌변하여 전광훈 목사와 함께
극우 정당인 자유통일당을 창당하는 등
극우 정치인으로서의 입지를 확고히 하고 있다.
하이트진로 화물 노동자 파업 등과 관련해서는
"노동자들이 손배소를 가장 두려워한다"며
파업 노동자에 대한 기업의 손해 배상 청구를
독려하기도 했다.

2022. 9. 19.

안철수 국민의힘 의원이

정계 진출 10주년을 맞아 정치적 포부를 밝혔다.

"이제는 정치의 변화를 요구하지 않고 주도하겠다",

"제겐 정권을 재창출할 책임과 의무가 있다"며

당권 도전을 선포한 것이다.

출마와 철수를 반복하며 주식으로 큰 수익을 거뒀던

안철수 의원이 손가락은 자르지 않고

다시 한번 큰 장사를 펼치고 있다.

2022. 9. 20.

"장신구는 지인에게 빌린 것",
"바이든이 아니라 날리면이라고 한 것".
누가 봐도 명확한 일들을 부정하기 위한
억지 해명이 난무하고 있다.
검찰 권력과 기득권 언론, 재벌과 종교 세력 등
든든한 바탕 위에서 시민들을 희롱하는 모습이다.

2022. 9. 27.

무조건 뻔뻔하게 어거지로 밀어붙이고
끝까지 우긴다.
우리는 무적의 어거지스다.

나경원 전 의원이 윤석열 대통령의 비속어 사건에 대해
"대한민국 국회는 National Assembly다.
미국은 상원, 하원을 두루 의회, Congress라고 부른다.
결국 대통령께서 국회라고 언급한 것은
대한민국 국회임이 분명"하다고 주장한다.
또 "확인은커녕 왜곡에 여념이 없으니 MBC의 과거 소행을
어찌 잊을 수 있겠는가? 뇌송송 구멍탁 소고기 촛불시위
왜곡은 결국 법정에 가서 아무런 책임을 지지 않았다.
이런 MBC가 공영 방송일까? 즉각 사과하는 것은 물론
공영 방송으로 거듭나게 하기 위한
국민의 총의를 모아야 한다"고 발언했다.
2007년 대선 때 BBK의 실소유주에 대한 의혹이
쟁점이 되면서 이명박 대통령 후보가
"BBK라는 투자 자문 회사를 설립했다"고 말하는
영상까지 공개됐으나 당시 나경원 대변인이
"(이명박 후보의 발언에는) 주어가 없었다"며 의혹을 부인하고
위기를 정면 돌파했던 일은 전설로 남아 있다.

2022. 9. 28.

양두구팽

羊 頭 狗 烹

어느 마을에 윤석팔이라는 개고기 장수가 살았는데,

성품이 괴이하고 상한 개고기를 파는 일이 잦아 아무도 윤석팔의

개고기 푸줏간을 찾지 않게 되었다. 윤석팔은 팔 수 없게 된 상한

개고기를 모두 버릴 수밖에 없는 현실에 하늘이 무너지는 것만 같았다.

마삼중이라는 사내가 있었는데 그가 보기에 윤석팔이 매우 어리석고

세상 물정을 모르는 것 같아서 그를 이용하여 한밑천을 잡아보기로

했다. 마삼중이 윤석팔에게 "나에게 푸줏간을 맡기면 개고기를

모조리 팔아줄 테니 이익의 절반을 주시오." 하니 윤석팔은

"어젯밤 꿈에 철봉 스님께서 나에게 곧 귀인이

나타날 것이라 하셨는데 바로 선생이시구려."

하며 마삼중과 어깨동무를 하고

춤을 추면서 즐거워했다.

다음 날 마삼중이 푸줏간 앞에 양머리를 내어 걸고 개고기를 파니
윤석팔은 어리둥절하여 "개고기를 파는데 양머리는 왜
걸어두는 것이오?" 하고 물었다. 마삼중은 크게 웃으며
"사람들이 곧 몰려들 것이니 기다려보시오." 하니 과연
마을 사람들이 "이리도 싼 양고기가 있던가." 하며 상한 개고기를
앞다퉈 비싼 값에 사 가는 것이었다. 하루아침에 큰 부자가 된
윤석팔은 마삼중에게 이익의 절반을 주기는커녕
마삼중을 두들겨 패고 개들을 풀어서 마을 밖으로 쫓아내고 말았다.
여기서 유래하여 사기를 침으로써 이익을 얻으려 하는 자는 필히
그 자신도 불행한 결과를 맞이한다는 것을
'양두구팽(羊頭狗烹)'이라 이르게 됐다.

이준석 전 국민의힘 대표가 비상대책위의 효력을
정지해달라며 법원에 낸 가처분 신청이
모두 기각된 데 이어, 당 윤리위원회는 이 전 대표에게
'당원권 정지 1년'의 추가 징계를 내렸다.
이 전 대표는 당 대표 복귀는 물론
차기 총선 공천을 받는 것도 어려울 전망이다.
양두구육으로 장사하다가 토사구팽된
이준석 전 대표의 앞날이 험난하기만 하다.

2022. 10. 7.

개장국전 傳

개고기 장수 윤석팔은 팔고 남은 개고기 처리 방법이 늘 고민이었다.

철봉 스님이 혀를 차며

"이보게 석팔이. 개고기가 남으면 다른 방도로 팔 생각을 해야지,

그렇게 술안주로 먹어치우기만 해서 되겠는가." 하고 말했다.

이 말에 큰 깨달음을 얻은 윤석팔은 남은 개고기로

개장국을 만들어 팔기로 했다. 큰돈을 벌 생각에 신이 난 윤석팔은

철봉 스님과 개고기를 안주 삼아 밤새 술잔을 주고받았으니,

이때만큼은 남 부러울 것이 없었다.

다음 날 윤석팔은 마을 사람들에게 "이보시오. 오늘부터

개장국을 팔기로 했으니 어서들 와서 맛보시구려." 하고 고했다.

윤석팔이 신이 나서 개장국을 끓이려는데 청천벽력 같은 일이

벌어졌다. 개고기가 담겨 있던 바구니가 텅 비어 있는 것이 아닌가.

간밤에 술에 취해 철봉 스님과 개고기를 다 먹어치운 것이었다.

이에 윤석팔이 "이를 어찌할꼬. 하는 수 없구나.

이가 없으면 잇몸으로 때워야지." 하고 있으니

마을 사람들이 입맛을 다시며 모여들었다.

"얼마나 맛있는 개장국을 만들길래 이리도 늦는 것인가.

어서 개장국을 내오시오. 현기증이 나려 하오."

이에 윤석팔이 음식을 내왔는데, 개장국이 아니라 개뼈다귀였다.

마을 사람들이 "아니, 이게 뭔가? 장난하지 말고 어서 개장국을

주시오." 하니 윤석팔은 "내가 개뼈다귀를 판다고 했으니

개뼈다귀를 내온 것인데 뭐가 잘못됐소?" 하고 답했다.

마을 사람들이 다시 "무슨 소리를 하는 것이오? 우린 분명히

개장국을 판다고 들었소." 하니, 윤석팔도 다시

"댁들의 귀가 참 이상도 하오. 난 개뼈다귀를 판다고 말했소."

하고 답했다. 마을 사람들이 개뼈다귀를 집어던지며

"내 살다 살다 이런 억지를 부리는 자는 처음 보네.

누가 개뼈다귀를 개장국으로 잘못 알아듣는단 말이오?

그리고 세상천지에 개뼈다귀를 먹으라고 파는 집이 어디 있단

말이오?" 하니, 윤석팔은 이에 지지 않고 더 큰 소리로 화를 냈다.

"개뼈다귀를 먹으러 왔으면 얌전히 먹고 갈 것이지

여기가 어디라고 생트집을 잡으면서 있지도 않은 개장국을 달라고

떼를 쓰시오? 참으로 방자한 자들이네. 어서 값을 치르고 나가시오."

그러고는 개들을 풀어 음식값을 받아내고 마을 사람들을 쫓아냈다.

이때부터 마을 사람들은

도리를 지키지 않고

뻔뻔하기 이를 데 없으며

사람들을 분노케 하는 자를

'개뼈다귀 같은 놈'이라고

불렀다.

2022. 10. 11.

홍준표 대구시장이 과거 자신의 '대북평화쇼' 발언을 비판했던 당내 중진 인사 3인을 "그런 사람들이 지금 얼굴을 싹 바꾸고 일부는 이준석 편에서 당을 흔들고, 일부는 당 대표 후보라고 설친다"고 표현하면서 강하게 비판했다.

경선 당시 윤석열 후보에 맹공을 날렸던 홍준표 시장은 대선 이후에는 검찰 후배인 윤석열 대통령에게 90도 인사를 하는 등 깍듯한 자세를 유지하고 있다.

처참한 응징을 당한 이 전 대표와 대비되는 모습이다.

2022. 10. 10.

과거 "민주노총은 김정은 기쁨조",
"쌍용차 노조는 자살 특공대" 등의 발언으로
물의를 빚은 김문수 씨가 경제사회노동위원장으로 발탁돼
파문이 일어난 가운데 환경노동위원회 경사노위 국감에서
"문재인 대통령이 신영복 선생을 가장 존경하는
사상가라고 한다면 확실하게 김일성주의자"라고 말해
국감을 파행으로 이끌었다.
이 와중에 윤석열 총장을 지키자는 혈서를 썼던
이은재 전 국민의힘 의원이
전문건설공제조합의 새 이사장 후보에 낙점됐다는 소식이다.
꼴뚜기와 망둥이의 계절이다.

2022. 10. 13.

김문수 경제사회노동위원장이
"문재인 대통령이 신영복 선생을 가장 존경하는 사상가라고
한다면 확실하게 김일성주의자이며 총살감"이라는 발언으로
뭇매를 맞자 여당 인사들이 적극 엄호에 나서고 있다.
정진석 국민의힘 비상대책위원장은
"문재인 전 대통령이 김일성주의를 추종하는 사람이 아닐까
의심하는 사람이 김문수 한 사람뿐인가"라고 발언했다.
주호영 원내대표는 "문재인 전 대통령이 김여정 앞에서
신영복 씨를 가장 존경한다고 할 때
도무지 이해가 되지 않았다",

야 이
김일성주의자들아

"우리 김문수 경사노위 위원장이
자발적으로 명예 훼손을 한다든지
할 의도가 전혀 없었다"라며
헌법에 양심의 자유가
보장되어 있다고 주장했다.
대한민국에 3대 세습과
절대 권력을 추종하는
김일성주의자가 많은 것은
분명 사실이다.
윤석열 대통령의 취임을
축하하는 삼성의 광고는
진보와 보수를 가리지 않고
여러 신문에 실렸다.

2022. 10. 18.

김일성주의

위대하신 지도자 동지를 결사옹위하여
재벌 공화국을 영구히 지켜나가자

김진태 강원도지사가 레고랜드 사업자를
법원에 회생 신청하기로 결정했다.
이후 지자체가 지급 보증한 어음조차
부도날 수 있다는 불안감이 확산되면서
금융 시장이 역대급 위기를 맞이했다.
독재자를 숭상하는 정치인의
철학과 능력을 여실히 보여주고 있다.

2022. 10. 25.

믿습니다

이 나라의 경제는

레고랜드

각하께서 건설해주신 것

걱정마셔~ 이 나라는 서민들이 다 몸 바쳐서 수습해준다

윤석열 대통령이 주재하는 비상민생경제회의가 생중계된다.
대통령과 장관들이 경제를 위해 애쓰는 모습을
과시하고 있지만, 서민들의 삶을 위한 예산들이 삭감되고
각종 경제 지표가 불안정한 것이 현실이다.
설상가상으로 김진태 쇼크와 정부의 무능한 대응만이 있으니
이 모든 것이 양두구육식 홍보로 다가올 뿐이다.

2022. 10. 28.

총체적 위기다.

윤핵관은 떳떳하게 채용 부정을 저지르고

대통령은 외교 무대에서 무능한 모습을 보이며

불안감을 안겨준다.

경제사회노동위원장으로 발탁된 사람은

시대착오적인 행동으로 노동자들의 멘탈을 붕괴시키고,

강원도지사의 몰지각한 선택은 50조의 세금을 조지려 한다.

어디까지 조져질지 두려울 뿐이다.

2022. 10. 26.

손대면 무엇이든 조져진다
우리는 조져지스 리그,
개박살 연맹이다.

국회의원 시절 허위 서류를 작성하고 예산을 빼돌린 일로
사기 혐의 재판을 받고 있는 이은재 전 의원이
결국 전문건설공제조합 이사장에 공식 선임됐다.
이사장 후보로 단수 추천됐을 때부터 낙하산 비판이 있었으나
조합 총회에서 만장일치로 선임안이 통과됐다.
국가 애도 기간에 공연, 축제 등 각종 행사는 중지돼도
장차 어떠한 불상사를 일으킬지 모르는 부실 인사는
멈추지 않고 진행 중이다.

2022. 11. 5.

김은혜 대통령실 홍보수석이

10·29 참사 관련 대통령실 국정감사 도중, 메모지에

"웃기고 있네"라고 적은 것이 언론사 카메라에 잡혔다.

해당 메모는 강득구 더불어민주당 의원이

김대기 비서실장과 김성한 국가안보실장에게

참사 대응 관련 질의를 하던 중에 작성된 것으로 밝혀졌다.

김 수석은 사적인 대화였다고 해명했으나

참사에 관련된 질의가 오가는 국감장에서

"웃기고 있네"라며 비아냥대는 메모를 작성한 것에

많은 시민이 분노하고 있다.

총리의 농담 사건을 비롯해 10·29 참사에 대한 윤석열 정권

인사들의 인식이 여기저기서 드러나고 있는 것으로 보인다.

2022. 11. 9.

정부 여당에서 예절 교육을 강조하고 있다.

약식회견을 마치려는 대통령에게 MBC 기자가 질문을 하자,

이기정 대통령실 홍보기획비서관이

"가는 분한테 그렇게 이야기하면 예의가 아니다"라고 해

기자와 언쟁을 벌인 일이 있었다. 「중앙일보」 편집국장 출신인

국민의힘 김종혁 비상대책위원은 기자에 대해

"이건 너무 무례한 것 아닌가. 대통령이 아니라

남대문 지게꾼과 만나도 슬리퍼를 신고 나갈 수는 없다.

그게 인간에 대한, 취재원에 대한

최소한의 예의가 아닌가"라며 분노했다.

역시 「중앙일보」 기자 출신인 김행 비상대책위원은

"청와대 출입 기자는 그 언론사의 1호 기자다.

가장 실력 있고 예의범절을 갖춘 기자가 나간다.

그래서 1호 기자는 특히 대통령이 직접 브리핑하시는 경우에는

예의범절을 갖추도록 가르쳐서 내보낸다"고 훈계했다.

시민들은 박근혜 정권 시절 대통령 앞에서 공손했던 기자들을

기레기라고 손가락질할지언정

대통령에게 질문하는 기자를 비난하지는 않는다.

2022. 11. 22.

윤석열 정부가 줄곧 자랑해오던 대통령 출근길 약식회견이
6개월 만에 중단됐다.

대통령실은 "최근 발생한 불미스러운 사태와 관련해
근본적인 재발 방지 방안 마련 없이는 지속할 수 없다고
판단했다"며 "도어스테핑은 국민과의 열린 소통을 위해
마련됐다. 그 취지를 잘 살릴 수 있는 방안이 마련된다면
재개 여부를 검토하겠다"고 설명했다.

국민들의 의문과 기자의 질문에
성의 있는 답변을 내놓기는커녕
일방적으로 도어스테핑을 중단해버리는 것을 보면
진정으로 국민과 소통하려는 의지 없이
보여주기식으로 해온 것이라고 생각할 수밖에 없다.
그야말로 양두구육이었음이 드러난 것이다.

2022. 11. 23.

소송 중 법원에 100억 원에 달하는
허위 잔고증명서를 제출한 혐의로 고발당한
윤석열 대통령의 장모 최 씨에 대해
경찰이 불송치를 결정했다.
경찰은 최 씨가 소송 당시 법원에 허위 잔고증명서를
제출한 것은 인정되지만 판결에 영향을 미치지는 않았다며
'혐의 없음'으로 판단했다고 밝혔다.
경찰국을 거느린 행정안전부의 수장이 든든하기만 하다.

2022. 11. 24.

경찰이 6·1 지방선거 당시 재산 축소 신고 의혹과
허위 사실 공표 등으로 고발된 김은혜 대통령실
홍보수석에 대해 혐의 없음으로 불송치를 결정했다.
김은혜 당시 국민의힘 경기지사 후보가 선관위에 재산 신고를
하면서 159억 원에 달하는 배우자 소유 건물의 가격을
15억 원가량 축소 신고하고, 보유 증권 1억 원가량을 누락
신고하여 공직선거법 위반 혐의로 검찰에 고발된 사건이다.
한편 서울경찰청 사이버범죄수사대는
더불어민주당 송영길 전 대표를 공직선거법상 허위 사실
공표 혐의로 서울중앙지검에 불구속 송치했다.
송 전 대표가 자신의 페이스북에
오세훈 시장이 서울시장이 된 지 8개월 만에
시 부채가 4조 7,584억 원 증가했다는 내용의 글을 올렸는데
1년치 부채 규모를 8개월이라고 명기한 것이
허위 사실로 판단됐다고 한다.
송 전 대표를 고발한 국민의힘은 이후 고발을 취소했지만,
경찰은 공직선거법에서 고발 취소 여부는
수사나 범죄 성립에 영향을 주지 않는다고 밝혔다.
면죄부의 조명이 집권 세력에게 집중적으로 내리쬐고 있다.

2022. 11. 25.

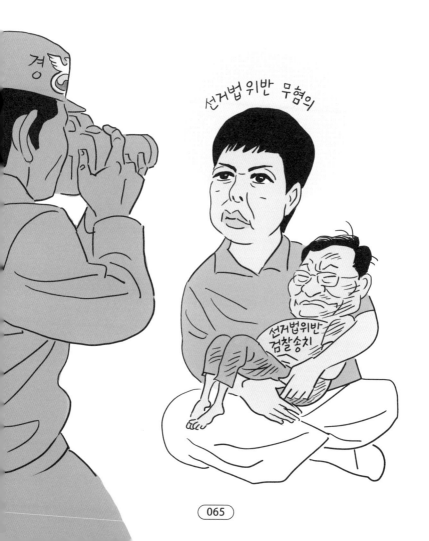

이태원 참사 진상 규명과 재발 방지를 위한
국정조사 계획서가 국회 본회의를 통과했다.
대통령실은 수사가 진행 중인 상황에서
국정조사는 오히려 진상 규명을 방해한다는 입장이다.
장제원 의원 등 친윤계는 국정조사에 반대표를 던졌고
여권에서는 "대통령실이 국정조사 합의 내용에
불만을 가진 것 같다"는 말이 흘러나온다.
이태원 참사 이후 한 달이 지났지만
사태를 책임져야 할 위치에 있는 사람들은
아직 그 책임의 무게를 느끼지 못하는 듯하다.

2022. 11. 28.

윤석열 대통령이 국민의힘 권성동, 장제원, 이철규,
윤한홍 의원 등 윤핵관 부부만 한남동 관저에 초청해
만찬 회동을 하며 차기 전당대회에 대한 논의를 나눈 것으로
전해져 당내 일각에서 불만이 나오고 있다.
국민의힘의 한 중진 의원은
"의원들에게 위화감을 줄 수밖에 없다.
당내에도 서열이 있다는 걸 알린 것"이라며 "만나더라도
의원들만 조용히 본다든지 해야지, 부부 동반까지 하면
너무 이너서클을 공식화하는 것"이라고 지적했다.
한편 김기현 의원이 이끄는 공부 모임
'새로운 미래 혁신 24'에 나경원 전 의원이 강연자로 나서며
친윤 성향인 두 사람의 연대설이 힘을 얻고 있다.
안철수 의원은 당원 대상 강연이나 방송 활동을 통해
중도층에서 강한 자신이 당 대표가 돼야 차기 총선에서
승리할 수 있다는 점을 강조하고 대통령직 인수위원장을 맡은
이력을 내세우며 윤심에도 구애하고 있다.
당권 쟁취를 위한 그들만의 끼리끼리 움직임이
미세먼지를 일으키고 있다.

2022. 11. 30.

윤 대통령이 주호영 국민의힘 원내대표를 관저에 초청해
만찬 회동을 한 이후, 주 원내대표가 차기 당 대표 자격으로
'수도권, MZ세대 대표론'을 언급하면서
'윤심 한동훈 대표설'이 급부상했다.
주 원내대표가 "국회 지역구 의석의 절반이 수도권인 만큼
수도권에서 대처가 되는 대표여야 한다",
"MZ세대에게 인기 있는 대표여야 한다"고 발언한 것이다.
윤심이 한동훈 장관 정계 진출 및 대표 추대에 있다는
설에 대해 장제원 의원은 "대통령은 그런 말을 하실 분이
전혀 아니다"라며 부정적인 입장을 보이고,
윤 대통령은 "한 장관은 정치를 할 준비가 안 됐고,
지금 정치를 할 상황도 아니다"라며 불쾌해했다고 한다.
그러나 이는 다른 당권 주자들의 반발 등
당내 논란을 최소화하며 한동훈 장관의
정계 데뷔 시기를 간 보는 행동으로 보인다.

2022. 12. 7.

지난 8월 이준석 전 대표의 가처분 신청 등으로
당이 내홍을 겪은 것에 책임을 진다면서 2선 후퇴를 선언한
장제원 의원이 다시 정치 전면에 나서고 있다.
장 의원은 윤핵관들과 대통령 관저에서 부부 동반
만찬 자리를 가진 이후 국민공감이라는 친윤 모임을 주도하며
행안위원장 후보자로 단수 출마해 합의 추대됐다.
백의종군을 선언한 지 100일 만에 말을 뒤집고
전당대회를 위해 친윤 세력을 결집하고 있는 것이다.
거짓말을 밥 먹듯 하는 사람들이라는 인식 때문인지
그리 놀랍지도 않다는 반응이다.

2022. 12. 9.

브라더

어이 부라더~!

이태원 참사 희생자의 유족들은 10·29 이태원 참사
책임자 처벌과 이 장관의 사퇴를 요구하고 있다.
국회에서 이상민 행정안전부 장관에 대한 해임 건의안이
처리됐으나 대통령실은 "진상이 명확히 가려진 후에
판단할 문제"라며 수용 불가 입장을 표명했다.

2022. 12. 14.

2022. 12. 26.

나경원 저출산고령사회위원회 부위원장이 자녀 수에 따라
대출금을 탕감해주는 '헝가리식 모델' 도입을 언급하자
대통령실이 이를 강하게 부정하면서
결국 나 부위원장이 직책을 내려놓게 됐다.
대통령실과 친윤계는 국민의힘 지지층 대상 여론 조사
1위에 자리하는 나경원 부위원장을 공격하며
당 대표 불출마를 강하게 종용하고 있다.
나 부위원장의 제주도 방문에 대해 국민의힘 제주도당이
난색을 표시해 일정이 무산되는 일도 있었는데,
전당대회에 출마하려는 나 부위원장에 대한 대통령실의
거부감이 드러난 뒤 지역 도당까지 윤심으로 뭉치는 모양새다.
이준석 전 대표는 이날 자신의 SNS에
"골대를 들어 옮기는 것으로 안 되니 이제 자기 팀이 아니라고
생각하는 선수들을 두들겨 패기 시작했다"고 썼다.

2023. 1. 11.

2023. 1. 12.

2023. 1. 16.

당 대표 선거를 앞두고

대통령실과 윤핵관의 집중 공격으로 저출산고령화사회위원회

부위원장과 기후환경대사 직에서 해임된 나경원 전 의원이

가만히 당하고 있지 않겠다는 움직임을 보이고 있다.

나 전 의원은 "이번 아랍에미리트의 40조 원 투자 결정은

정권 교체와 윤 대통령의 강한 의지가 이끌어낸 성과"라며

윤 대통령에 대한 찬사를 늘어놓고,

"죽었다 깨어나도 반윤은 되지 않을 것"이라며

장제원 의원이 나 전 의원에게 가짜 친윤,

반윤 우두머리라고 퍼부은 진윤 감별 공격을 적극 방어했다.

또 국립현충원을 찾아

이승만, 박정희, 김영삼 전 대통령 묘역을 참배한 뒤

자신을 "한 번도 당을 떠나본 적 없는 보수의 원류"라고

주장하며 "영원히 사는 정치를 하겠다"고 밝혀

사실상 대표 출마를 기정 사실화했다.

"주어는 없다"라는 레전드 억지 주장을 남기는 등

권모술수 정치판에서 오랜 기간 잔뼈가 굵은 나 전 의원을

정치 신참 윤 대통령과 윤핵관들이

너무 쉽게 본 것인지 모른다.

나경원 전 의원과 장제원 의원 두 사학 재벌 집안 자제 간의

전쟁이 어떤 결말을 맺을지 씁쓸한 관심이 쏠리고 있다.

2023. 1. 17.

2장

좋아
빠르게
가

2022. 6. 29.

Winter is
Coming

2022. 6. 29.

내가
정권만
잡으면

2022. 6. 29.

2022. 8. 27.

윤석열 대통령 당선인이
박근혜 씨의 대구 사저를 방문했다.
윤은 "아무래도 지나간 과거가 있지 않나.
박근혜 전 대통령에게 인간적인 안타까움과
마음속으로 가진 미안함 이런 것을 말씀드렸다"고
기자들에게 회동 소감을 밝혔다.

2022. 7. 1.

스페인*에서 윤석열 대통령이 업무를 보는 사진 중

빈 종이와 화면이 논란이 되자

대통령실은 "보안상의 이유로 대통령 사진을 낼 때

대통령이 보고 있는 모니터든 서류든 무엇이 됐든

거기 들어 있는 내용은 가능하면 사진에 들어가지 않도록

노력한다"고 해명했다. 그러나 일국의 대통령실이

그렇게 허접한 홍보 연출을 했을 것이라고는 믿기지 않는다.

업무 중이었던 것이 아니라 수련 중이었던 것은 아닐까.

면벽 수련이 여의치 않을 땐 면백지 수련을 할 수 있다.

• 편집자주: 윤석열 대통령은 북대서양조약기구(NATO) 정상회의 참석을 위해
2022년 6월 27~30일 스페인 마드리드를 방문했다.

2022. 7. 5.

각종 경제 지표가 예상을 뛰어넘는 수준으로 악화되고
공포와 불안이 사회를 엄습하고 있다.
대통령은 연일 무책임하고 안하무인의 태도만 보이고 있으니
취임 두 달도 안 되어 탄핵 소리가 나올 지경이다.

2022. 7. 8.

국민과의 적극적 소통 행보로 내세워지던
대통령 출근길 약식회견이 돌연 중단된다.
대통령실은 코로나19의 재확산 때문이라고 발표하지만
독특한 패션의 확산을 우려한 것인지도 모르겠다.*

* 편집자주: 2022년 7월 11일 잠정 중단되었던 약식회견은 다음 날인 12일
다시 재개됐다가 2022년 11월 21일을 기점으로 무기한 중단된 상태다.

2022. 7. 12.

코로나바이러스가 재확산되고 있지만
자율 방역 외에 뚜렷한 방역 대책은 보이지 않는다.
경제 위기 속에서 민생 문제를 풀
근본적인 해결 방안은 없다는 발언까지
듣고 있는 상황이다.

2022. 7. 20.

행정안전부 내 경찰국 신설에 대해
일선 경찰들이 경찰 장악을 우려하며 반발하고 있다.
그러나 윤석열 정부는 26일 국무회의에서
'행정안전부와 그 소속 기관 직제 일부 개정령안'
통과를 강행한다.
입법 예고를 시작한 지 열흘 만에 통과되어
다음 달 2일부터 경찰국 업무가 시작될 예정이다.

2022. 7. 26.

당원권 정지 징계 기간 중에 있는 이준석 국민의힘 대표가
기자회견을 강행하고 "윤핵관들과 끝까지 싸울 것"이라며
전면전을 선포했다.
"저한테 선당후사를 이야기하시는 분들은 매우 가혹한 것"
이라며 "대통령 선거 과정 내내 한쪽으로는 저에 대해서
'이 XX', '저 XX' 하는 사람을 대통령 만들기 위해
당 대표로서 열심히 뛰어야 했던 제 쓰린 마음이,
여러분이 입으로 말하는 선당후사보다 훨씬 아린
선당후사였다"고 일갈하기도 했다.
말로 끝나는 전면전 예고가 될지,
진짜 폭탄이 터지는 흑화 준스톤의 활약이 있을지는
두고 봐야 알 것이다.

2022. 8. 13.

국민대 교수회가 김건희 씨의 논문 재검증 여부를 묻는
찬반 투표를 시행했으나 해당 논문을 자체 검증하기 위한
위원회 구성에 61.5퍼센트(193명)가 반대해
논문 검증이 무산됐다.
교수회는 "우리 결정이 어떤 방향이더라도
이는 교수회 집단 지성의 결과"라며
"이번 안건에 찬성한 분들이나 반대한 분들 모두
우리 국민대의 명예를 존중하고 학문적 양심을 중요하게
생각하는 것은 마찬가지일 것"이라고 주장했다.

2022. 8. 22.

윤석열 대통령의 대외비 일정이
부인 김건희 씨의 팬클럽 '건희사랑'을 통해
유출되는 사건이 발생했다.
팬클럽 '건희사랑' 페이스북에 한 사용자가 "공지합니다.
윤석열 대통령 대구 서문시장 26일 12시 방문입니다.
많은 참석, 홍보 부탁드립니다"라는 댓글을 올린 것이다.
지난 5월에는 용산 대통령실 청사 집무실 내부 사진이
팬클럽 페이스북 계정을 통해 공개되기도 했다.
촬영 제한 보안 구역인 대통령 집무실에서
부속실 직원이 김 여사의 휴대전화로 찍은 사진임이
밝혀진 바 있다.

2022. 8. 25.

야당의 정치 자금과 서해 공무원 피격 사건에 대한
수사가 본격화되고 관련자들이 구속되고 있다.
그런데 검찰이 대북 송금 혐의를 두고 수사 중인
쌍방울과 관련해 국정원은 외화를 밀반출한 정황을
파악하지 못했다고 발표했다.
또한 윤석열 정권이 월북몰이로 규정한
서해 공무원 사건에 대해 국정원이 해당 SI(특별 정보)에
'월북'이라는 단어가 들어가 있었던 것이 사실이라고 밝혔다.

2022. 10. 27.

이재명 대표의 최측근인

김용 민주연구원 부원장이 구속된 데 이어

서해 공무원 피살 사건과 관련해

서욱 전 국방부 장관과 김홍희 전 해양경찰청장도 구속됐다.

김건희 여사의 논문 표절 및 주가 조작에 대한 부정적 여론과

대통령의 무능으로 인한 지지율 하락 등

윤석열 정권의 총체적 위기를

사정 정국으로 돌파하려는 모습이다.

2022. 10. 24.

윤석홀

대통령의 절친 후배를 행정안전부 장관에 임명하고
행안부에 경찰국을 신설함으로써
경찰을 정권의 손아귀에 쥐려 할 때부터
불운의 씨앗은 잉태되고 있었다.
시민의 안전을 책임져야 할 경찰의 기능은
제대로 작동하지 않았고 돌이킬 수 없는 참사를 낳고 말았다.
사회 안전망이 침몰하고 경제가 가라앉고 있다.
정부 기관에 대한 신뢰와 대외적 이미지가 붕괴되고 있다.

2022. 11. 2.

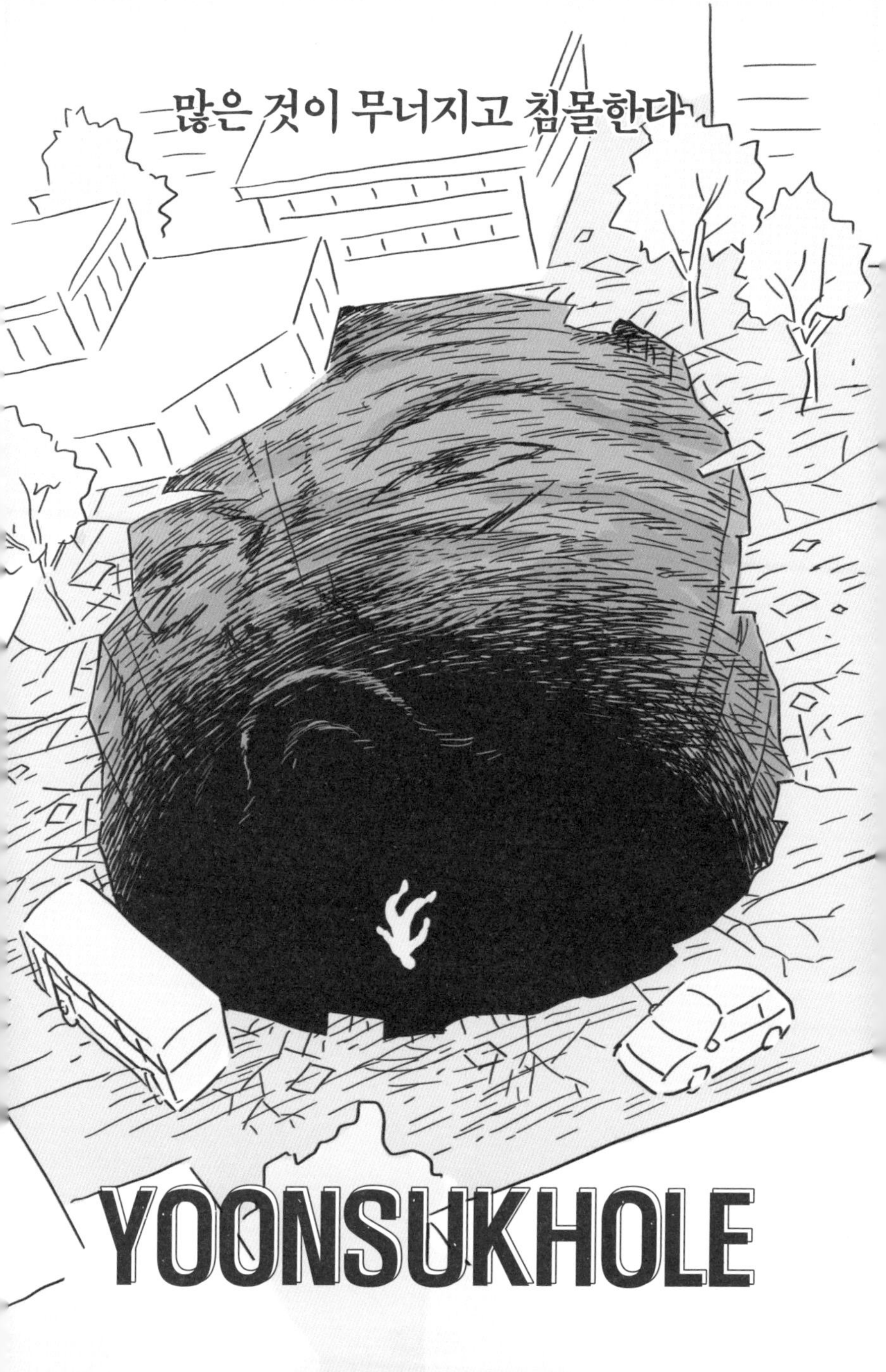

많은 것이 무너지고 침몰한다

YOONSUKHOLE

몰리는 인파에 위험을 감지한 시민들의 112 신고가
참사 당일 저녁부터 쇄도했지만 그때 용산경찰서장은
대통령실 앞에서 집회 경비를 관리하고 있었다.
용산경찰서장을 비롯해 교통, 경비, 정보과장 모두
대통령실 인근에서 진행된 집회를 챙기는 데 여념이 없었다.
대통령실 이전과 경비 시스템의 급격한 변동 과정에
시민의 안전을 고려한 대비책은 없었다.

2022. 11. 7.

윤석열 대통령이 10·29 참사에 대해 치안의 총책임을 맡은
행정안전부와 이상민 장관에 대한 언급은 피한 채
경찰을 공개적으로 강도 높게 질책했다.
경찰청 특별수사본부의 수사가 본격화되자
일선 경찰관들 사이에서는 경찰에만 모든 책임을 떠넘기려
하느냐는 비판의 목소리가 나오고 있다.
경찰 내부망에 올라온 글 중에는 "굳이 대통령실을 옮겨
용산서가 경호, 경비 인력을 동원하게 됐고,
진보, 보수단체의 집회도 용산서 관내에 집중되어
핼러윈에 파견할 인력이 없었다.
어쩌면 본인이 가장 큰 원흉임에도 대통령은
경찰 단계에서 책임 소재를 꼬리 자르기 하고 있다"는
내용도 있었다. 한편 대통령실은
윤석열 대통령의 동남아 순방을 이틀 앞두고
MBC 기자들의 동행을 불허한다고 통보했다.
외교 관련 왜곡, 편파 보도가 반복된 점을 고려했다고 한다.
윤 대통령이 뉴욕 방문 때 일으킨
욕설 사태와 외교 참사에 대해 사과하기는커녕
그 사건을 보도한 MBC에 독박을 씌우고 있다.

2022. 11. 10.

윤석열 대통령과 캄보디아를 방문 중인 김건희 여사가
애초 계획된 캄보디아 앙코르와트 사원을 방문하는
각국 정상 배우자 프로그램에 참석하지 않고
소외 계층을 찾아가는 비공개 일정을 진행한 것으로 알려졌다.
잇따른 김 여사의 비공개 활동은 자신의 여러 의혹을 무마하고
대통령의 지지율을 올리기 위한 홍보의 목적으로 보이지만
여론은 결코 우호적이지 않은 상황이다.

2022. 11. 14.

바이든 대통령 욕설 발언을 보도한 MBC에
경위 설명을 요구하며 압박을 가해온 대통령실이
결국 동남아 순방 전용기에 MBC 기자 탑승을
불허하겠다고 밝혔다.
이어 대통령실은 캄보디아 프놈펜에서 열린
한미, 한일 정상회담을 전속 취재로 전환하여
기자들은 회담장에 들어가지 못하고
대통령실 관계자가 관련 내용을 요약해
보도자료를 전달하는 것으로 취재를 제한하기로 했다.
언론의 발을 묶고 '좋아 빠르게 가' 정권의
질주가 본격화되고 있다.

2022. 11. 15.

G20 환영 만찬에서 김건희 여사가
윤석열 대통령의 등을 떠미는 장면이 포착되어 화제다.
영상을 보면 근처에 있던 시진핑 중국 국가주석이
많은 이와 대화를 나누고 있어 윤 대통령에게도
각국 정상들과 시간을 나누라고 주문한 것으로 추측된다.
대통령 부부가 보여주는 여러 가지 행동이
많은 추측과 스토리를 만들어내고 있다.

2022. 11. 17.

2022. 11. 21.

2022. 12. 19.

MBC「탐사기획 스트레이트」가 윤 대통령의 멘토로 의심되는 '천공스승'에 대해 집중 보도했다.

방송에서 천공은 대통령의 도어스테핑에 대해 "기자들 수준이 너무 낮은데, 앞으로 어떻게 하면 제일 좋은 방법이냐 하면 일주일에 한 번씩 기자회견을 하는 것", "기자들하고 노상 말한다고 국민과의 소통이 아니다" 하고 말했다. 그런데 하필 다음 날 대통령실은 도어스테핑 중단 결정을 발표했다.

이에 대해 장경태 더불어민주당 최고위원은 "어제 MBC「탐사기획 스트레이트」에 천공스승이 도어스테핑을 하면 안 된다고 말하는 방송이 방영되자 가림막 설치에 도어스테핑 중단까지, 갈수록 가관"이라며 시중에 회자되고 있는 대통령과 천공의 관계를 언급했다.

대통령실은 이에 대해 "방송 전에 이미 불미스러운 일에 대한 재발 방지 대책이 수립될 때까지 도어스테핑을 중단한다고 밝혔다"며 "그럼에도 불구하고 민주당 최고위원이 저급한 네거티브 발언을 계속 이어가는 것에 대해 강력히 유감을 표명한다"고 해명했다.

대통령 측의 부인과 해명에도 불구하고 천공에 대한 의혹은 사그라들지 않고 있다.

2022. 11. 24.

화물연대가 안전운임제 연장 및 적용 범위 확대에 대해
정부가 입장을 번복했다며 총파업에 돌입했다.
안전운임제는 화물차 기사가 받는 최소 운임을 보장하는
제도로, 화물차주들이 운송업체 간 가격 경쟁으로
지나치게 낮게 책정된 운임에 맞춰 일하느라
과로, 과소, 과적 운행하는 것을 방지한다는 취지다.
화물연대 파업 초기부터 강경 대응 메시지를 내온
윤석열 대통령은 국무회의에서 시멘트 운송사업자
2,500여 명에 업무 개시 명령을 전격 발동했다.
정부의 강경 대응에 천공스승의 노동 관련 유튜브 방송이
재조명되고 있다. 방송에서 천공은 "노동자 퇴치 운동을
해야 한다", "노동자한테 돈을 더 주면 또 탐을 낸다",
"노동자의 근성은 바뀌지 않는데, 3일 쉬게 하면
4일을 쉬자고 한다. 일은 하기 싫고 돈은 더 내놓으라는 것이
노동자 근성"이라고 말하는 등 이 모든 것이
현 정부 노동 철학의 뿌리임을 자랑한다.

2022. 12. 1.

윤석열 대통령이 방위 산업 기업을 방문해
무기 개발 현장을 둘러보던 중 또 냉동인간 발언을 해
주목을 받고 있다. K9 자주포를 보며 관계자에
"탱크와 포를 결합한 무기가 그동안 없었나요?
탱크와 포를 결합한 거잖아"라고 물은 것이다.
이어서 "포신을 낮추면 탱크 같은 기능도 하는 것 아닌가",
"이거는 뭘로 쏴?" 하고 묻더니 다목적 무인 차량 앞에서
기관총을 가리키며 "요거는 뭔가?" 하고 질문한 영상이
널리 퍼지고 있다.
박근혜 전 대통령은 재임 중
전통시장을 방문해 고춧가루를 보며
"고추로 맨든 가루… 이건 굉장히 귀하네요"라는
어록을 남긴 바 있다.

2022. 12. 5.

2022. 12. 5.

2022. 12. 8.

윤석열차

2022. 12. 12.

2022. 12. 15.

「교수신문」은 2022년의 사자성어가
'과이불개(過而不改)'라고 발표했다.
'잘못을 하고도 고치지 않는다'는 뜻으로, 전국 대학교수
설문 조사에서 압도적인 1위를 차지했다는 설명이다.
교수들은 "현재 여야 정치권의 행태는 민생은 없고,
당리당략에 빠져서 나라의 미래 발전보다 정쟁만 앞세운다",
"여당이 야당 되었을 때, 야당이 여당 되었을 때가 똑같다" 등
한국 정치의 후진성을 비판하며 사자성어를 선정했다고 한다.
그러나 이 사자성어를 선정한 것은
김건희 여사의 박사학위 yuji 논문을 표절이 아니라 하고,
재검증하려던 것도 과반수 반대로 무산시킨 교수들의
셀프디스인지도 모른다.
논문 재검증을 거부한 국민대 교수회의 "우리 결정이
어떤 방향이더라도 이는 교수회 집단 지성의 결과다.
이번 안건에 대해 찬성한 분들이나 반대한 분들 모두
우리 국민대의 명예를 존중하고 학문적 양심을 중요하게
생각하는 것은 마찬가지일 것"이라는 외침은
'과이불개'의 표본이 되기에 부족함이 없다.

2022. 12. 13.

이태원 참사 49일째인 12월 16일,
이태원 참사 유가족협의회와 시민대책회의 주최로
희생자들의 49재를 지내는 시민추모제가 열렸다.
많은 시민과 야권 인사들이 참사 희생자들을 애도하고
유족들을 위로하기 위해 49재에 참여한 가운데
윤석열 대통령과 김건희 여사는
중소기업 상품 판촉 행사에 가서 크리스마스트리를 점등하고
술잔을 구매했다. 웃으면서 "술 좋아한다고 술잔 샀다고
그러겠네"라고 농담을 시전하기도 했다.
윤 대통령이 예비후보 시절에 "전두환 전 대통령이
잘못한 부분이 있지만 군사 쿠데타와 5·18만 빼면
정치는 잘했다고 말하는 분들이 많다"고 한 이후
반려견에게 사과를 주는 사진을 SNS에 올려
'사과는 개나 줘라'는 해석을 낳았던 사건을 떠올린다.
시민들이 이태원 참사 책임자 처벌을 요구하는 가운데
희생자 49재가 열린 날을 골라 술잔을 산 것은
'개사과' 못지않은 의미가 있을 것으로 생각되기 때문이다.

2022. 12. 19.

윤석열 대통령이 비상경제민생회의에서
"정부 규제가 부정적으로 많이 쓰이는데
못 하게 하는 것이 레귤레이션이 아니다. 본래 의미는
정부의 거버먼트 인게이지먼트"라며 "2023년엔
더 적극적으로, 더 아주 어그레시브하게 뛰자"고 말했다.
한덕수 총리가 기자회견에서 영단어를 쓸데없이
과도하게 사용하여 비웃음거리가 된 데 이어
윤 대통령의 이상한 화법이 관심을 끌고 있다.
평소 "이 새끼", "저 새끼", "쪽팔려" 등의
비속어를 남발한다는 시선을 의식해서
영어를 많이 쓰면 수준이 높아 보일 것이라는
미군정 시대의 사고에 멈춰 있는 것이 아니길 바랄 뿐이다.

2022. 12. 23.

2023년 새해를 맞아 윤석열 대통령은
신년 기자회견을 생략하고 신년사만 발표했다.
"기득권 유지와 지대 추구에 매몰된 나라에는 미래가 없다",
"대한민국의 미래와 미래 세대의 운명이 달린 노동, 교육,
연금 3대 개혁을 더 이상 미룰 수 없다"고 한 것이다.
또 "가장 먼저, 노동 개혁을 통해 우리 경제의 성장을 견인해
나가야 한다", "기득권의 집착은 집요하고 기득권과의 타협은
쉽고 편한 길이지만 우리는 결코 작은 바다에 만족한 적이
없다"며 "자유는 우리에게 더 많은 기회를,
연대는 우리에게 더 큰 미래를 선사할 것"이라고도 했다.
특정 가문들이 각종 불공정 거래와 불법으로
시장 질서를 교란하며 천문학적 이익을 독식하고,
노동자들은 계속 희생을 요구받고 있다.
이에 저항하는 노동자들은
빨갱이 낙인을 받고 진압되어온 역사가 길다.
이제 빨갱이 매카시즘의 효력이 신통치 않은 시대를 맞이하여
노동자들은 빨갱이가 아닌 기득권 낙인을 받고 있다.

2023. 1. 3.

윤석열 정부가 지난해 다주택자에 대한
종합부동산세 중과세율을 낮춘 데 이어
올해 양도소득세와 상속세, 증여세 완화를 추진한다.
또 법인세를 인하한 데 이어 대기업의
반도체 시설 투자액에 대해 세금을 깎아주는 비율을
8퍼센트에서 15퍼센트로 높이겠다고 발표했다.
반면 건강보험 보장성 축소, 보험료 및 각종 공공요금 인상,
노조 압박으로 노동자들의 권리는 축소시키는 중이다.
과거의 용서를 구하기 위함인지,
재벌 천국을 만들고 있다.

2023. 1. 4.

윤석열 대통령의 강성 발언이 연일 터져 나오고 있다.
국방 당국의 무능력으로 북 무인기가 수도권 상공을
휘젓고 가자 윤 대통령이 확전을 각오하고
응징과 보복을 해야 하며 무인기를 북에 침투시키라고
주문한 것이다. 또한 북한이 다시 침범할 경우
9·19 남북군사합의 효력 정지를 검토하라고 지시하기도 했다.
남북 간 긴장이 높아지고 대결 국면으로 치달을수록
북의 김정은 정권과 남의 무능력 냉전 세력만이
정치적 이득을 챙길 뿐이다.
윤 대통령의 호전적 강경 모드가 이어지면서
천공의 과거 전쟁 관련 발언이 주목을 받고 있다.

2023. 1. 6.

일제 강제 동원에 대한 배상 책임 판결을 받은
일본 전범 기업을 대신해 '일제 강제 동원 피해자 지원재단'이
배상금을 주게 됐다는 소식이다.
한국 정부가 강제 동원 피해자 배상을
가해자인 일본 전범 기업이 아닌, 한국 기업의 돈으로
해결하겠다는 굴욕적인 방침을 공식화한 것이다.
또 윤석열 대통령은
일본 정부의 방위비 증액과 적 기지 공격 능력 명시화에 대해
"일본을 누가 뭐라고 하겠느냐"는 발언을 했다.
도대체 이 나라의 정부는 누구의 장단을 맞추는 것인지
분노할 수밖에 없다는 반응이다.

2023. 1. 13.

윤석열 대통령이 아랍에미리트연합국 순방 중에
"아랍에미리트의 적은, 가장 위협적인 국가는 이란"이라고
폭탄 발언을 한 이후 그 파문이 걷잡을 수 없이 커지고 있다.
이란 외교부는 주이란 한국대사를 불러
한국 정부의 해명이 아닌 발언 정정을 공식 요청하고
양국 관계를 재검토하겠다고까지 하는 상황이다.
이에 우리나라 외교부는 주한 이란대사를 불러
윤 대통령 발언에 대한 정부의 입장을 거듭 설명하는 등
수습에 연일 진땀을 흘리고 있다.
"바이든 쪽팔려서 어떡하나", "한미 공동 핵 훈련" 등
외교적으로 참사를 일으킬 수 있는 발언들을 거침없이
내뱉고 있지만 아무도 조언을 할 엄두를 내지 못하고 있다.
국익과 대통령을 위해 고양이 목에 방울을 달 충신이
보이지 않는다.

2023. 1. 20.

이재용 삼성전자 부회장이
재수감 207일 만에 가석방으로 출소했다.
이 부회장의 뇌물·횡령액은 86억 8,000만 원에 달한다.

2022. 6. 29.

무죄의 신

하괴시바

2013년 별장 성접대 의혹이 불거지며
뇌물수수 등의 혐의로 기소됐던 김학의 전 법무부 차관이
9년 만에 대법원으로부터 무죄 확정 판결을 받았다.

2022. 8. 11.

중부지방의 기록적 폭우로 서울과 경기에서
7명이 사망하고 6명이 실종되는 인명 피해가 발생했다.
특히 반지하에 살던 일가족 3명이
구조되지 못하고 끝내 사망한 사고가
많은 이에게 충격과 안타까움을 주고 있는 가운데
피해 현장을 둘러본 윤석열 대통령이
"왜 대피 안 됐나 모르겠네"라는 발언을 해 분노를 사고 있다.
이미 '오세이돈'이라는 별명을 얻은 바 있는 오세훈 시장은
이번 폭우에도 수해에 대한 대비 능력을 보여주고 있다.

2022. 8. 11.

아쿠아맨 5세와 곤드레 타워

윤석열 정부가 광복절을 맞이해 첫 사면을 단행한다.
특별사면 명단에는 이재용 삼성전자 부회장과
신동빈 롯데그룹 회장을 비롯해 장세주 동국제강 회장과
강덕수 전 STX그룹 회장 등 4명의 이름이 올랐다.
국정 농단 뇌물 사건으로 징역 2년 6개월을 확정받았던
이재용 삼성전자 부회장은 특별 복권되어
경영 전면에 나설 수 있게 됐다.
부당 합병, 회계 부정 의혹으로 법원에 출석한 이 부회장께서는
국가 경제를 위해 열심히 뛰겠다고 말씀하시었다.

2022. 8. 15.

하쿠나
마타타

그땐 형이
미안했어~
하지만 이제부턴
하쿠나마타타!

윤 대통령이 영국 엘리자베스 2세 여왕의 장례식 참석차
런던을 방문했다가 갑자기 조문을 취소한 배경을 놓고
천공스승의 권유설 등 각종 추측이 난무하고 있다.
외교의 기본인 시간과 일정 조율 등의 의전 업무가
명확하고 투명하지 않았던 것은 분명해 보인다.
여기에 일본 기시다 총리는 한국 대통령실이
"유엔 총회에서 한일 정상회담 개최를 합의해놓고
시간을 조율 중"이라고 발표하자
"그렇다면 반대로 만나지 말자"며 강한 불만을 표시했다.
정상회담은 개최 사실이 확정되면
양국이 동시에 발표하는 것이 외교 관례인데
한국 측이 앞서 나갔다는 인식을 심어주고,
강제 징용 문제와 관련해 한국을 길들이기 위한 것으로
풀이되고 있다.
국가 간 고도의 전략과 두뇌 게임을 필요로 하는
외교전에 나선 것인지,
멍 때리기 대회에 나선 것인지 모를 판이다.

2022. 9. 21.

윤 대통령은 한국을 방문한
미국 권력 서열 3위의 펠로시 하원 의장을 만나지 않고
연극 관람 장면을 노출해 비판을 받은 바 있다.
그리고 이번 미국 방문 중에는
바이든 대통령과 환담 후에 비속어를 사용하며
미 의회와 바이든 대통령을 비웃는 모습이 포착되어
큰 파문을 일으키고 있다.
반미의 선봉에 선 윤 대통령에 영광 있으라고
누군가 마음속으로 외치고 있을지 모른다.

2022. 9. 23.

윤석열 대통령이 미국 순방 중
바이든 대통령과의 환담 후에 뱉은 비속어와 관련하여
"사실과 다른 보도로 동맹을 훼손하는 것은
국민을 굉장히 위험에 빠뜨리는 일"이라며
강경 대응을 예고했다.
방귀 뀐 사람이 성내는 적반하장의 모습이다.

2022. 9. 26.

윤 대통령의 비속어 사태에 대한
몇몇 언론들의 방어가 눈물겹다.
"바이든"이라고 해석하는 것은 무리라고 주장하는
칼럼을 싣는가 하면, 바이든의 "개자식" 발언 등
해외 정상과 유명인 들의 실언 사례를 동원해
물타기를 하는 기사들을 내보내고 있는 것이다.
그들이 선택한 이번 정권 역시
과거 정권들처럼 공생 관계에 놓여 있음을
노골적으로 자랑하는 모습이다.

2022. 10. 4.

고교생의 만화 한 편으로 호떡집에 불난 형국이다.
전국학생만화공모전에서 카툰 부문 금상(경기도지사상)을 받은
'윤석열차'라는 만화에 네티즌들이 열광하자
문화체육관광부가 공모전을 주최한 만화영상진흥원에
책임을 묻겠다며 엄중 경고 조치를 내린 것이다.
이에 대한 각계의 반발이 이어지면서
주류 언론은 만화에 대한 표절 시비를 일으키기도 했다.
본격적인 겨울이 오고 있다.

2022. 10. 6.

강원도 강릉 군부대에서 훈련 중 발사된
현무-2C 탄도 미사일이 비행 중 추락하는 사고가 발생했다.
민가에서 700미터밖에 떨어지지 않은 지점이었다고 한다.
강릉 지역 주민들은 한밤중에 일어난 불길과 폭발음에
불안한 마음으로 뉴스를 확인했으나
언론 보도는 통제되고 있었다.
한편 북한이 발사한 중거리 탄도 미사일이
일본 상공을 통과해 약 4,500킬로미터를 비행하자
정부는 NSC(국가안전보장회의) 상임위를 열어
북한의 미사일 발사를 중대한 도발로 규정하고
강력히 규탄했다.
주민들을 공포에 떨게 하고
자칫 큰 사고로 이어질 뻔하게 만든 규탄 대상은
따로 있는 것 같다.

2022. 10. 7.

MBC「PD수첩」이

김건희 여사의 논문 표절 문제를 조명한

'논문 저자 김건희' 편을 전격 방송하자

윤 대통령 비속어 발언 보도 이후 MBC를 향해

공세를 펼치고 있는 여당이 총반격에 나섰다.

고등학생부터 방송까지

맘에 안 들면 몽둥이를 들고 뛰어드는데,

부끄러운 결과만이 기다리고 있을 뿐이다.

2022. 10. 12.

노동자가 생산 현장에서 죽는 일이 끊이지 않는다.
SPC 계열사 SPL에서 20대 노동자가
샌드위치 소스를 배합하는 기계에
몸이 끼어 사망하는 사고가 발생했다.
희생자는 생전 "화장실 갈 시간도 없다"며
격무에 시달렸던 것으로 알려졌다.
고된 환경에 작업자들은 인력을 충원해달라며
계속 피로감을 호소했다고 한다.
법 기술과 로비력으로 무장한 대형 로펌과 법관들,
광고비 명목으로 받는 보험금을 대가로
기업의 부조리에 눈감는 언론, 친기업 관료들은
오늘도 노동자를 갈아 넣는 맷돌 시스템을 지키고 있다.

2022. 10. 17.

맷돌
자본주의

SPC그룹은 계열사에서 노동자가 죽는
중대 재해가 발생했음에도 관련 뉴스가 보도되자
16일, 파리바게뜨 런던 매장으로 영국 시장에 진출했다는
사실을 대대적으로 홍보했다. 파리바게뜨에 납품하는
재료 작업을 하다 죽은 노동자를 애도하기는커녕
관련 기사를 덮으려 했던 것이 아닌가 의심되는 부분이다.
– 17일 발표된 SPL 제빵 공장 청년 노동자 사망에 대한 한국노총의 입장문 중

노동자가 작업 중 사망한 사건에 대한
SPC의 야만적인 대처가 비난을 받고 있다.
SPC그룹은 사건 이후 런던 매장 오픈에 대한
보도자료를 배포했고, 주요 일간지 및 경제지 중심으로
'SPC 런던 진출' 소식이 기사화됐다.
노동자 사망 기사를 덮고 기업 이미지 손상을 막기 위한
구시대적 언론 플레이를 벌인 것이다.
그에 대한 대가는 광고비로 지급될 것이다.
노동자의 죽음이 로펌과 관료, 언론에게
피 묻은 빵을 던져주고 있다.

2022. 10. 19.

SPC 계열사 빵 공장 작업 중에 노동자가 사망한 당일,
회사는 기계에 천을 덮어둔 채 공장 작업을 재개했고
그날 만들어진 빵은 전국 매장으로 전량 유통됐다고 한다.
해당 노동자의 장례식장에 조문객 답례품으로 주라며
회사에서 파리바게뜨 빵을 놓고 간 사실도
분노의 불길에 기름을 끼얹었다.
허영인 SPC 회장은 사고 일주일 만에 사과 회견을 열고
총 1,000억 원을 투자해 그룹 전반의
안전 경영 시스템을 강화하겠다고 강조했으나
이는 위기 국면을 전환해보려는 꼼수로 보일 뿐이다.

2022. 10. 21.

이태원 참사 외신기자 브리핑에서
NBC 기자가 한덕수 국무총리에게 "애초에 젊은이들이
그곳에 있었던 게 잘못이냐. 누구의 잘못도 아니라고 하는데,
정부 책임의 시작과 끝은 어디냐"고 질문했다.
한 총리는 젊은이들의 잘못이 없다고 답변한 이후
회견 중 통역 장비에 문제가 생기자
"이렇게 잘 안 들리는 것에 책임져야 할 사람의
첫 번째와 마지막 책임은 뭔가요"라고 웃으며 농담을 던졌다.
연극을 하지 않을 때의 적나라한 모습이다.

2022. 11. 3.

막간

막간엔 농담

통역이 잘 안들리는 첫번째와 마지막 책임은 뭔가용~? ㅋㅋㅋ

참사 책임 질문

막간 : 연극사이에 쉬는 타임

179

검사 시절 이명박과 박근혜를 구속 수사했던 경력으로
검찰총장이 되고 대통령의 자리까지 오른 윤석열.
이제 그는 이명박 정권의 공공기관 민영화 드라이브를 따르고
박근혜 정권의 무능을 탑재한다.
대학 시절 모의재판에서
전두환에게 무기징역을 선고했다고 자랑하면서도
검찰 측근 위주의 인사를 함으로써
검찰 하나회 정권이라는 평을 듣게 됐다.

2022. 11. 4.

천공스승으로 활동 중인 이병철 씨가
자신의 유튜브 채널에서 "세계 각국 정상이 조전을 보내왔다.
사고를 수습하고, 대한민국 지도자들은 세계 정상들에게
어떻게 행해야 하나"라는 질문에 "좋은 기회는 자꾸 준다.
우리 아이들은 희생을 해도 이래 큰 질량으로 희생을 해야지
세계가 우릴 돌아보게 돼 있다"고 발언했다.
이어 "우리나라 희생이 보람되게 하려면 이런 기회를 잘 써서
세계에 빛나는 일을 해야 된다"고 말해 물의를 일으키고 있다.
이에 앞서 전광훈 목사는 유튜브 방송을 통해
이태원 참사와 추모의 물결을 언급하며
"이런 일이 일어났을 때 북한이 올라탔나 안 탔나 조사할
필요도 없다. 움직이는 현상만 보면 알 수 있다"면서
"이태원 사건이 일어나고 징조를 보니 이미 벌써 준동이
시작됐다"고 주장했다.
한편 전광훈 목사가 창간한 「자유일보」 논설위원 출신으로
윤석열 정부 대통령 비서실 종교다문화비서관에 임명됐다가
며칠 만에 사퇴한 김성회 씨는 SNS에
"왜, 부모도 자기 자식이 이태원 가는 것을 막지 못해놓고
이태원 골목길에 토끼몰이하듯이 몰아넣었다는 표현이
나오는 것인지"라는 글을 올려 공분을 사고 있다.
사이비들이 바쁜 시대다.

2022. 11. 8.

윤석열 대통령 동남아 순방을 앞두고 대통령실이
"MBC의 외교 관련 왜곡, 편파 보도가 반복되어온 점을
고려해 취재 편의를 제공하지 않기로 했다"며
MBC 측에 대통령 전용기 탑승 불허 방침을 통보했다.
언론단체는 이에 즉각 반발하여
공동 대응에 나설 움직임이다.
대통령실의 안하무인격 행태에 분노하는 목소리가
커지는 가운데 국민의힘 권성동 의원은
"언론도 언론의 탈을 썼다고 다 언론이 아니다. 어느 기관을
참여시키냐 참여 안 시키냐 하는 것은 대통령실이
결정할 수 있는 권한을 갖고 있다"며 대통령을 엄호했다.
MBC 앵커 출신인 배현진 국민의힘 의원은 자신의 SNS에
"MBC가 자산이 많은 부자 회사이니
자사 취재진들이 편안하게 민항기를 통해 순방 다녀오도록
잘 지원할 것이라 믿는다"는 글을 남겨
불난 MBC에 기름을 부었다.
시민들은 동남아로 떠나는 비행기를 보며
바이든-날리면 사태를 능가하는
대재난의 먹구름이 몰려오는 것을 느끼고 있다.

2022. 11. 11.

대통령실의 MBC 취재진의 대통령 전용기 탑승
불허 조치에 대한 비판이 커지고 있는 가운데
윤핵관이자 대통령으로부터 체리따봉을 받은 바 있는
권성동 의원이 "편파와 왜곡 방송을 일삼는 MBC를 두고
언론이라고 칭하는 자체가 부끄럽다"고 일갈했다.
권 의원은 국회 과학기술정보방송통신위 회의에서
상임위 차원의 MBC 관련 입장문을 내자는 의견이 나오자
"언론도 언론의 탈을 썼다고 다 언론이 아니다",
"MBC는 공정 보도를 하지 않았고 민주당에 유리한
편파 방송, 왜곡 방송을 했다"고 주장했다.
MBC에 대한 전용기 탑승 불허 사건을 통해
윤석열 정권의 언론관이 적나라하게 드러나고 있다.

2022. 11. 12.

니들은 타지마! 저리가

각하, 시원하시겠습니다

저 쉬키들은 아주 혼이 나봐야 돼 언론같지도 않은 것들이 말이야

참언론이 많아져야 하는데‥

방송중

윤석열 대통령이
아세안 정상회의가 열린 캄보디아 프놈펜을 떠나
G20 정상회의가 열리는 인도네시아 발리로 이동하는 중에
채널A와 CBS 기자 2명만 따로 불러
한 시간가량 대화를 나눴다.
남편이 현직 법무부 검사인 CBS 기자는
윤 대통령과 개인적인 친분이 있고, 채널A 기자는
대통령 후보 시절부터 가깝게 지내온 것으로 전해졌다.
바이든-날리면 사태로 앙금이 생긴 MBC에 대해
전용기 탑승을 불허하고 한미일 정상회담에서
언론사 취재 제한 조치까지 내렸던 대통령실이
이번에는 친한 기자를 차별적으로 대우하는 모습을
보인 것이다.

2022. 11. 16.

열악한 근무 조건의 빵 공장에서 노동자가 희생됐지만
기업 회장은 질의응답을 거부하고 형식적인 사과를 할 뿐이다.
그러다 느닷없이 파리바게뜨에서
"고객의 목소리를 듣겠다"며 사과문을 올렸다.
소비자들은 연말 특수를 앞두고도 지속되는
불매 운동 때문에 내놓은 술수인 것으로 해석하고 있다.
기업주를 위해 노동자를 갈아 넣는 회사의 제품은
그 향이 아무리 달콤해도 사람들의 분노를 일으킬 뿐이다.

2022 11. 18.

윤석열 대통령이
MBC 취재진의 전용기 탑승 배제 이유에 대해
"우리 국가 안보의 핵심 축인 동맹 관계를 사실과 다른
가짜 뉴스로 이간질하려고 아주 악의적인 그런 행태를
보였기 때문"이라고 말했다.
김상훈 국민의힘 비대위원은 MBC에 광고를 넣지 말 것을
삼성에 공개적으로 요구하는 발언까지 서슴지 않았다.
이에 대해 한국기자협회는 "이번 사태는 단지 MBC에 대한
광고 탄압일 뿐 아니라 정권의 눈 밖에 나면 어느 언론사든
가만두지 않겠다는 시그널이나 마찬가지"라며
김상훈 비대위원의 사퇴를 촉구했다.
삼성 광고에 의존하는 많은 언론이 불똥이 튀지나 않을까
몸을 사릴 수밖에 없을 것이다.

2022. 11. 21.

2022. 11. 17.

2022. 11. 28.

검찰이 '대장동 택지 개발 비리 의혹 사건'을
'이재명 대선 자금 사건'으로 규정하며
수사에 박차를 가하고 있는 것과 대조적으로
'50억 클럽' 수사는 거북이걸음이다.
50억 클럽으로 곽상도 전 국민의힘 의원, 권순일 전 대법관,
박영수 전 특별검사, 최재경 전 청와대 민정수석, 김수남
전 검찰총장, 홍선근 머니투데이미디어그룹 회장 등에게
5억~50억 원씩 모두 320억 원을 약속했다는 발언이 나오고,
2011년 부산저축은행 불법 대출 수사 당시 주임검사이던
윤석열 대통령과 박영수 전 특검을 통해 사건을 무마했다는
김만배의 2021년 육성 발언이 공개되는 등
의혹이 제기됐지만 검찰 수사는 진행되지 않고 있다.
표적 수사라는 지적이 계속되는 가운데
경찰은 대장동 민간사업자인 화천대유자산관리의 대주주
김만배 씨로부터 50억 원을 빌리고 이자 없이 원금만 갚은
혐의로 홍선근 회장을 검찰에 송치했다.
홍 회장에 대해서는 의혹이 제기된 이후
상당 기간 매체명과 실명이 언론에 보도되지 않았는데,
아직까지도 많은 언론이 소극적 보도로 일관하고 있다.
끈끈하고 강한 진영의 모습이다.

2022. 11. 29.

채널A 기자의 강요 미수 의혹 사건 수사 과정에서
아이폰을 압수하려다 한동훈 장관을 폭행한 혐의로 기소된
정진웅 검사에 대법원이 최종 무죄 판결을 내렸다.
채널A 사건 수사팀은 "한동훈 전 검사장이
채널A 사건 수사의 정당성을 훼손하기 위해
검사의 적법한 공무집행 행위를
고의를 가진 악의적인 권력의 폭력인 것처럼
규정하고 고발했다"며
"이 기소에 관여한 법무부와 검찰의 책임 있는 사람들이
정 위원과 국민에게 사과해야 할 시간"이라고 주장했다.
사건 당시 한동훈 장관과 함께 아파해주며
폭행 사건을 대서특필해준 일부 언론은
먼 산만 쳐다보고 있다.

2022. 12. 2.

MBC가 윤석열 대통령의 미국 순방 중 비속어 발언 보도,
전용기 탑승 배제 및 약식회견 중 슬리퍼 논란 등으로
현 정부와 대립각을 세우는 가운데
시청률은 고공 행진 중이다.
'MBC 뉴스' 유튜브 채널이 11월 월간 조회 수에서
전 세계 유튜브 뉴스 채널 가운데 1위를 기록했다는 소식이며,
카타르 월드컵 중계 시청률도 선두를 기록했다.
MBC를 날려버리고 싶은 누군가의 마음과는 달리
시청률만 높이 날고 있다.

2022. 12. 6.

윤석열 대통령이 화물연대 파업을 북핵 위협에 비유하며
노조에 대한 적대감을 노골적으로 드러낸 가운데
여당에서도 매카시즘 발언이 쏟아지고 있다.
민주노총을 향해 주호영 국민의힘 원내대표는
"북한의 주장에 동조하는 세력"이라 했고,
성일종 정책위 의장은 "조선노동당 2중대"라고 발언한 것이다.
권성동 의원은 "민노총은 연쇄 파업 와중에
국가보안법 폐지를 운운했고, 홈페이지에
북한 조선직업총동맹의 '민주로총에 보내는 련대사'를
버젓이 게재했다. 이번 민노총 연쇄 파업의 본질이
종북으로 점철된 정치 투쟁이라는 자백"이라며
종북몰이 중이다.
맘에 안 드는 집단과 행동에 북한을 끌어들여서
진영 논리 정치로 기득권을 유지해온 역사가 유구하다.

2022. 12. 8.

윤석열 대통령이 연말 정치인 특별사면 단행을
결정했다는 소식이다.
이에 이명박 전 대통령이 사면, 복권될 것으로 보인다.
윤 대통령은 특검 검사 시절 박근혜 전 대통령을,
서울중앙지검장 시절 이명박 전 대통령을 구속시킨 바 있고,
이를 발판으로 검찰 총장으로 파격 발탁되면서
대권까지 거머쥐게 됐다. 그러나 대선 주자가 된 이후
자신의 수사 지휘로 구속된 전직 대통령들에 대해
"그분들을 생각하면 마음이 무척 아프다"고 밝히더니
집권 이후 MB 사면마저 추진하며
정치적 코인을 벌어들이고 있다.

2022. 12. 12.

일본 정부가 적 미사일 기지 등을 공격할 수 있는
반격 능력 보유, 독도 영유권 주장 및 방위비 증액 등의
내용이 포함되어 있는 3대 안보 문서 개정을 결정했다.
일본 정부 관계자가 "일본이 북한에 반격할 때
한국 정부의 허가가 필요하지 않다"고 말한 것과 관련해
대통령실은 "한미일 안보 협력이라는 큰 틀 속에서
충분히 논의 가능한 내용이 아닌가 싶다"고 밝혔다.
또 "북한의 위협이 대한민국뿐 아니라
일본에도 직접적인 위협이 되는 상황"이라며
"일본도 자국 방위를 위한 고민이 깊지 않나 싶다"는 발언으로
일본의 재무장을 사실상 용인하는 태도를 보였다.
한국 정부가 자국민보다 일본 정부의 비위를 맞추는 데
더 능숙한 모습을 보이고 있다.

2022. 12. 20.

한덕수 총리가

이태원 참사 관련 외신기자회견에서 웃으며 농담을 하더니

생존자의 사망을 두고 "본인의 생각이 더 굳건하고,

치료받겠다는 생각이 더 강했으면 좋았겠다"고 말해

비난을 자초했다.

또 예고 없이 합동분향소를 찾았다가

유가족들이 정부의 공식 사과를 요구하자

"알겠습니다. 수고하세요~"라며 바로 자리를 뜨더니

극우단체 회원들과 일일이 악수까지 하는 모습을 연출했다.

한 총리가 고문으로 있었던 김앤장은

미국계 사모펀드 론스타를 법률 대리했는데,

론스타는 외환은행을 1조 3,000억 원에 사들인 뒤

2조 원이 넘는 차액을 남기고 되팔았다.

이 때문에 한 총리는 론스타의 외환은행 인수 과정에

개입했다는 의혹을 받고 있다.

2022. 12. 21.

정부의 공식사과 내놓지 않을거면
돌아가시오

그럼
수고하세요~

일반시민들을 개돼지로 보고
팔아먹는 한국 엘리트들
만세입니다

은행
헐값매각

코로나 팬데믹 이후

치솟는 물가 상승률에 노동자들의 실질 임금이 줄고

실물 경기 악화로 서민들의 삶이 더욱 힘들어지고 있다.

코로나 이전에도 글로벌 금융 위기 또는

각종 대내외적 요인으로 경제 위기가 아닌 적이 없었다.

분명한 사실은 부유층의 부는 늘어가고

서민의 팍팍함은 변함없이 유지되고 있다는 것이다.

경제 위기는 도리어 기업의 각종 규제 완화와

법인세 인하의 빌미가 되어줄 뿐이었다.

윤석열 정부는 경제 위기 극복을 앞세워 기업의 법인세 인하와

종부세 무력화 등 부익부의 속도를 더욱 높이려 한다.

서민의 삶이 힘들고 부유층의 부만 쌓이는 것은

경제 위기라는 막연한 관념으로 설명될 수 없다.

사회의 불공정과 왜곡된 경제구조가 원인이기 때문이다.

2022. 12. 26.

북한 무인기 5대가 군사분계선을 넘어
서울, 경기 김포, 파주, 인천 강화 지역 상공을 침범했다.
무인기 4대는 수도권 서쪽 강화도 일대에서 비행하다
군 탐지에서 사라지고, 무인기 1대는 경기도를 거쳐
서울 상공에 머물다 북쪽으로 빠져나갔다.
여기에 무인기 대응을 위해 이륙하려던 전투기가
추락하는 사고까지 발생했다.
공군이 저속 항공기인 KA-1 전술통제기를
원주 기지에서 띄웠지만 "이륙 중 추락했고
조종사 2명은 비상 탈출했다"고 밝힌 것이다.
전투기는 올해만 다섯 차례 추락했고,
강원도에서는 미사일 낙탄 사고도 일어난 바 있다.
국가 안보에 심각한 문제가 드러나고 있음에도
자칭 보수 정권과 보수 언론은 태평한 모습이다.

2022. 12. 27.

따봉 풍년

2022. 12. 22.

2022. 12. 29.

정부가 신년 특별사면 대상자 1,373명을 발표했다.
윤석열 대통령이 서울중앙지검장 시절 구속 수사했던
이명박 전 대통령이 특별사면과 복권으로 풀려나고
김경수 전 경남지사는 복권 없이 사면된다.
또 윤 대통령이 특별검사팀에서 수사했던
국정 농단 사건 연루자인 김기춘 전 대통령 비서실장과
우병우 전 민정수석 등 박근혜 정부 인사들이 다수
사면, 복권된다.
과거의 윤을 지금의 윤이 부정하고 있다.

2022. 12. 29.

그만해

2023. 1. 5.

2023. 1. 9

화천대유 대주주 김만배 씨가
「한겨레」 기자에게 9억 원을 전달한 것을 비롯해
「중앙일보」, 「한국일보」, 채널A 기자에게
거액과 명품 구두 등으로 로비한 사실이 들통났다.
이 밖에 여러 기자들과 골프를 치며
100만 원씩 건넸다는 증언도 나온 상황이다.
전직 기자들과 수천만~ 수억 원대 연봉의
고문 계약을 맺는 식으로 뇌물을 준 사실도 있다.
김 씨가 대장동 사업이 마무리되기 전에 언론사를
인수하려 했다는 얘기가 김 씨 주변에서 나왔다고 하니
재벌 쫓아가려다 가랑이가 찢어져
기자들과 함께 엎어진 모양새다.

2023. 1. 10.

부귀의 칼날

SWORD OF GOLD
1/7 SCALE

2022. 7. 1.

부록

너무 쉬워서 고양이도 할 수 있다!

대통령 얼굴 그리는 법

준비물

종이

또는

태블릿과
그림그리기 앱

또는

스마트폰

와

연필, 볼펜, 사인펜 등의 필기도구

① 원을 그립니다

좀 찌그러져도
괜찮아요

태블릿이나 스마트폰에서
그림그리기 앱으로 그리는 경우
원 그리기 기능을 써도 됩니다

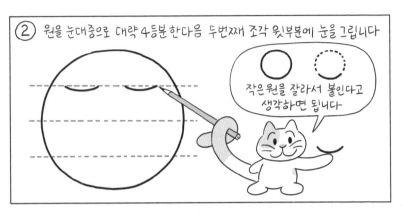

② 원을 눈대중으로 대략 4등분 한다음 두번째 조각 윗부분에 눈을 그립니다

작은 원을 잘라서 붙인다고
생각하면 됩니다

③ 눈을 위아래로 뒤집어서 붙인다는
생각으로 눈썹을 그려줍니다

약간
비스듬히
그립니다

눈바로 윗부분에 그려주면 됩니다

④ 직선 두개를 이용해서
눈썹사이에 주름을 그려넣습니다

윗부분을
넓혀줍니다

⑤ 눈밑 주름을 그립니다

눈을 약간 더 구부려서 눈 밑에 붙인다는 생각으로 그려줍니다

⑥ 원의 중간지점 바로 위에 코를 그립니다

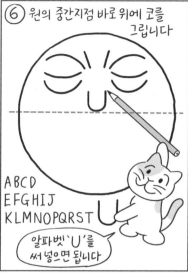

ABCD
EFGHIJ
KLMNOPQRST

알파벳 `U`를 써넣으면 됩니다

⑦ 눈 밑 주름의 모양 그대로 코의 양 옆에 볼주름을 그립니다

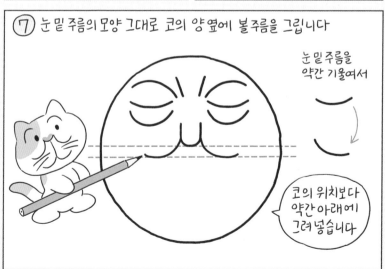

눈 밑 주름을 약간 기울여서

코의 위치보다 약간 아래에 그려넣습니다

⑧ 입과 아랫입술을 그립니다

밥그릇과 간장종지를
엎어놓은형태
입니다

⑨ 턱을 그립니다

밥그릇보다 큰
국 그릇의 형태입니다

⑩ 머리부분을 그립니다

작은 접시와

큰 접시를 엎어서
얼굴 위에 올려놓으면
됩니다

음,,

윤도리

1화

안녕하세요 윤도리입니다
여러분들을 웃기기 위해
최선을 다하겠습니다

3화 윤도리

윤핵관?

나는
핵준석
이다

금이빨 빼고
다 씹어먹어줄게

아‥ 저 내부총질이나
해대는 대표새끼 어떻게
좀 안되나
또라이새퀴

국회 이 새끼들이 승인 안 해주면
바이든 쪽팔려서 어떡하나~
ㅋㅋㅋㅋㅋㅋㅋㅋ

선생님
진지는 드셨
는지요

묵묵‥

이럴수가‥ 아무도 모르게 몇시간동안 묵묵히 봉사 활동을 하시는 분이 누군가 했는데 여사님이 아니십니까?

맞습니다

아무도 모르게 인민들 속에서 헌신하시는 저 숭고한 정신이여‥

아무도 몰랐습니다

오늘도 술드시는 저분은 뉘시오?

진짜 아무도 모른다

간도리

1화

손가락 자른다고 했는데‥

잠시만요!

거기 서요!!

다음화에 계속‥

아니?

우리를 간보면서
도망가는 속도를
조절하고있어!

다음화에계속..

그만 좀 괴롭히십시오!
왜 자꾸 쫓아옵니까?

도망가니까
쫓아가는 거
잖아요

저는 새정치를 하기때문에
도망가지 않는다는 사실을
국민들이 다 아십니다
만약 도망가는 일이 있다면
발가락을 자르겠습니다

그럼 믿어보죠
커피 사겠습니다

커피만
다 마시고
또‥

다음화에 계속.

아니?

잘나가던 당대표와 차기대표로 유력했던 자가 까마귀밥 신세가 됐잖아?

무서운 자다‥ 우습게 봤다가 하마터면 뼈도 못추릴뻔 했어

난 저렇게 당하지 않아

거짓말과 뒤통수치기 실력을 보여줄 때다!

다음화에 계속

243

박순찬의 장도리 카툰집

도리크15

박순찬 지음

초판 1쇄 발행일 2023년 2월 17일

발행인 | 한상준
편집 | 김민정·강탁준·손지원·최정휴·정수림
디자인 | 김경희
마케팅 | 이상민·주영상
관리 | 양은진

발행처 | 비아북(ViaBook Publisher)
출판등록 | 제313-2007-218호(2007년 11월 2일)
주소 | 서울시 마포구 월드컵북로 6길 97(연남동 567-40)
전화 | 02-334-6123 전자우편 | crm@viabook.kr
홈페이지 | viabook.kr

ⓒ 박순찬, 2023
ISBN 979-11-92904-05-4 03300